Tilde Michels
Gustav Bär geht in die Schule

Liebe Eltern,

jedes Kind ist anders. Eines kennt bereits alle Buchstaben in der Vorschule und kann sie zu Wörtern formen. Ein anderes lernt das Abc beim Eintritt in die Schule. Für das spätere Leseverhalten ist das völlig unerheblich. Wichtig aber ist der Spaß am Lesen – und zwar von Anfang an. Darum muss sich die konzeptionelle Entwicklung von Lesetexten an den unterschiedlichen Lernentwicklungen der Kinder orientieren. Unser Bücherbär-Erstleseprogramm umfasst deshalb verschiedene Reihen für die Vorschule und die ersten beiden Schulklassen. Sie bauen aufeinander auf und holen die Kinder dort ab, wo sie sind. So wird der Lernprozess auch für den fortgeschrittenen Erstleser leichter und die Freude am Lesen hält ein Leben lang.

Die Bücherbär-Reihe *Eine Geschichte für Erstleser* richtet sich an geübte Leseanfänger im zweiten Halbjahr der 1. Klasse. Mit einer ersten längeren, durchgehenden Geschichte macht das erste Lesen viel Spaß.

In Zusammenarbeit mit
westermann

Tilde Michels

Gustav Bär geht in die Schule

Mit farbigen Bildern von
Helga Spieß

Für Julia und Olivia

9. Auflage dieser Ausgabe in Lateinischer Ausgangsschrift 2023
© 1992 Arena Verlag GmbH,
Rottendorfer Straße 16, 97074 Würzburg
Alle Rechte vorbehalten
Einband und Illustrationen: Helga Spieß
Reihengestaltung: Bernhard Hartlieb
Gesamtherstellung: Westermann Druck Zwickau GmbH
ISBN 978-3-401-70075-5
***
www.arena-verlag.de

Gustav Bär ist groß und stark.
Das war er natürlich
nicht von Anfang an.

Wie alle großen, starken Bären
ist er einmal
ein Bärenkind gewesen.
Damals wohnte er
mit Mutter Bär, Vater Bär,
mit seiner Schwester Olga
und Tante Lillibär
in einer gemütlichen Bärenhöhle.
Und er musste alles lernen,
was ein Bär braucht.
Von seinen Eltern lernte er,

wie Bären auf Bäume klettern.
Er lernte, wie Bären Fische fangen.
Er lernte, wie Bären
Wurzeln ausgraben.
Er lernte, wie Bären
den Honig der wilden Bienen holen.
Er lernte, wie sich Bären
gegen ihre Feinde wehren.

Gustav war
ein neugieriger kleiner Bär.
Er wanderte oft ganz allein
durch den Wald
und über die Wiesen.
Einmal traf er
auf dem Wiesenweg ein Mädchen.
Das trug eine bunte Tüte im Arm.
„Wohin gehst du?",
fragte der kleine Gustav.
„In die Schule",
antwortete das Mädchen.
„Was ist das für eine Tüte?",
wollte Gustav wissen.
„Eine Schultüte",
erklärte das Mädchen.
„Was ist da drin?", fragte Gustav.
„Lauter gute Sachen zum Essen:

Schokolade, Lollis
und Gummibärchen."
„Bärchen?"
Erschrocken starrte Gustav
das Mädchen an
und sprang zurück.

„Esst ihr denn kleine Bären?"
„Doch keine lebendigen!
Nur Gummibärchen.
Willst du eins probieren?"
Das Mädchen angelte
ein Gummibärchen aus der Tüte.

Gustav sah,
dass es rot und ganz winzig war.
Da traute er sich wieder heran.
Vorsichtig nahm er
das rote Ding in die Tatzen
und steckte es in den Mund.

Er lutschte und kaute.
„Schmeckt gut", sagte er.
„Fast so gut wie Honig."
„Ich muss jetzt aber laufen.
Sonst komme ich zu spät
in die Schule",
sagte das Mädchen.
„Du musst mir erst noch erklären,
was in der Schule los ist",
verlangte Gustav.
„Weiß ich selbst nicht genau",
sagte das Mädchen.
„Ich gehe heute
zum ersten Mal hin. –
Komm doch mit!
Dann siehst du, wie es ist."
„Jaaa!", rief Gustav.
„Ich komme mit."

„Jetzt gleich?",
fragte das Mädchen.
Gustav überlegte.
„Jetzt gleich geht's nicht.
Ich muss mit meinem Vater
Fische fangen.
Aber morgen!"
„Gut", sagte das Mädchen.
„Morgen warte ich hier auf dich."
„Wie heißt du eigentlich?",
fragte der kleine Bär.
„Katja. Und du?"
„Gustav."
„Also dann bis morgen, Gustav."
„Bis morgen",
rief der kleine Bär.
Dann rannte er zurück
in den Wald.

Er bahnte sich einen Weg
durch das Gestrüpp.
Er hopste über umgestürzte Bäume.
Er lief bis zu den grauen Felsen
tief im Wald.
Dicht und dunkel
standen die Bäume um die Felsen.
Hier war der Eingang
zur Bärenhöhle.
„Mami, Mami,
ich will in die Schule!",
schrie Gustav schon von Weitem.
Dann kroch er in die Höhle.
Drinnen war es warm
und gemütlich.
Gustav schnupperte.
Es roch nach Bärenfell
und Honigplätzchen.

Und alle waren da:
Mutter Bär, Vater Bär,
Tante Lillibär
und die kleine Schwester Olga.
Tante Lillibär rührte gerade
einen süßen Teig.
Sie war kugelrund,
weil sie immer
Honigplätzchen naschte.

Gustav stellte sich
mitten in die Höhle
und rief noch einmal:
„Ich will in die Schule!"
„In die Schule?",
brummte Vater Bär. „Warum denn?"
„Weil es dort schön ist",
erklärte Gustav.
„Weil die Kinder
mit großen Tüten hingehen.
Weil da süße Sachen
zum Schlecken drin sind.
Morgen gehe ich hin.
Kriege ich auch eine Schultüte?"
Vater Bär wiegte den Kopf.
Mutter Bär wiegte den Kopf.
Olga schaute den Bruder
verwundert an.

Nur Tante Lillibär war begeistert.
Sie klatschte in die Hände und rief:
„Du sollst auch
eine Schultüte bekommen.
Ich weiß schon,
wie ich sie mache."
Unten am Bach wuchsen Pflanzen
mit riesigen Blättern.
Tante Lillibär suchte das größte aus
und drehte daraus eine Tüte.
Die füllte sie bis zum Rand
mit Honigplätzchen.
Am nächsten Morgen
wanderte Gustav mit seiner Tüte
zum Wiesenweg.
Katja war noch nicht da.
Gustav setzte sich auf einen Stein
und wartete.

Vor lauter Warten
bekam er Hunger
und schob sich ein paar Tatzen
voll Honigplätzchen in den Mund.
Endlich sah er Katja
den Hang herunterkommen.

Aber sie hatte keine Schultüte
im Arm.
Sie trug einen Ranzen
auf dem Rücken.
„Wo ist deine Schultüte?",
fragte Gustav.
„Aber Gustav Bär",
sagte Katja.
„Mit einer Schultüte
darf man nur
am ersten Tag
in die Schule
gehen."
„Und dann?",
fragte Gustav.
„Dann nimmt man
seinen Ranzen."

„Sind da jetzt die Lollis
und die Gummibärchen drin?",
erkundigte sich Gustav.
Katja schüttelte den Kopf.
„Da sind Bücher und Hefte drin."
„Bücher und Hefte?"

Gustav verzog
das Gesicht.
„Aber die kann man
doch nicht essen.
Zu was
brauchst du die?"
„Zum Lernen",
sagte Katja.
„Komm mit,
dann lernst du
auch was."

„Ja, aber", sagte Gustav,
„ich habe keinen Ranzen."
„Macht nichts", tröstete Katja.
„Ja aber", fing Gustav wieder an.
„Wenn heute niemand
mit der Schultüte geht,
will ich auch keine mitnehmen."
„Dann lass sie doch hier liegen",
schlug Katja vor.
„Wenn wir zurückkommen,
holst du sie dir wieder."

„Gute Idee", sagte Gustav
und legte seine Tüte auf den Stein.
Dann zottelte er hinter Katja her.
In der Schule
scharte sich die ganze Klasse
sofort um den kleinen Bären.
Alle riefen durcheinander:
„Wie süß!"
„Ist das ein Tanzbär?"
„Woher hast du den?"
„Bringst du ihn jetzt immer mit?"
Da ging die Tür auf,
und die Lehrerin kam herein.
„Was ist denn das für ein Lärm?",
rief sie. „Bitte, setzt euch ruhig
auf eure Plätze."
Dann entdeckte sie Gustav,
der neben Katja in der Bank saß.

Sie lächelte und sagte:
„Oh, du hast
deinen Teddybären mitgebracht.
Will der vielleicht auch
etwas lernen?"
„Teddybär!"
Gustav brummte zornig.

Aber Katja flüsterte ihm zu,
dass er nur
ganz ruhig bleiben sollte.
Der Unterricht begann.
Die Lehrerin malte zwei Äpfel
an die Tafel.

Mit dem Zeigestock
deutete sie auf den einen
und sagte: „Eins."
Dann auf den andern
und sagte: „Zwei."
Sie drehte sich zur Klasse um
und erklärte:
„Ihr lernt jetzt die Zahlen kennen.
Wenn ihr zum Beispiel
Äpfel bekommt,
könnt ihr zählen, wie viele ihr esst."
Dumm!, dachte der kleine Bär.
Ich esse so viele Äpfel,
bis ich satt bin.
Die brauche ich
doch nicht zu zählen.
Später schrieb die Lehrerin
etwas an die Tafel.

„Das heißt A N N A.
Ein A, zwei N und noch ein A. –
Heißt jemand von euch Anna?"
Ein Mädchen meldete sich.
„Siehst du", sagte die Lehrerin,
„jetzt kannst du schon
deinen Namen lesen."
Und der kleine Bär dachte wieder:
Dumm! Anna weiß doch,
wie sie heißt.
Da braucht sie es nicht
auf der Tafel zu lesen.
Das Stillsitzen fiel Gustav schwer.
Er rutschte hin und her.
Am liebsten wäre er fortgerannt.
Zum Glück tönte
bald darauf der Gong,
und sie durften nach Hause gehen.

Der kleine Bär hopste vor Katja her.
Als sie über den Wiesenweg liefen,
suchte er nach seiner Schultüte.
Aber die war weg!
Das heißt, nicht ganz weg –
nur die Honigplätzchen.
Das grüne Blatt
lag welk neben dem Stein,
und überall waren Brösel verstreut.

„Auch gut", sagte Gustav.
„Vielleicht ist zufällig
jemand vorbeigekommen,
der große Lust
auf Honigplätzchen hatte.
Warum sollte er sie
da nicht aufessen?"
Sie liefen weiter, bis Gustav rief:
„Ich muss hier hinüber zum Wald."
„Kommst du morgen wieder
mit in die Schule?", fragte Katja.

Der kleine Bär
bohrte in seinem linken Ohr,
dann in dem rechten.
„Also ...", sagte er.
Und dann sagte er
eine Weile nichts mehr.
„Also, was?", fragte Katja.
„Genau überlegt, finde ich: Nein!"
„Aber Gustav!", rief Katja.
„Willst du denn nichts lernen?"
Wieder überlegte Gustav
eine Weile, bevor er antwortete:

„Bären, weißt du, Bären lernen
ganz, ganz andere Lachen.
Viel, viel bessere."
„Was denn für Lachen?",
wollte Katja wissen.
Der kleine Bär
mochte nicht lange erklären.
Er sagte:
„Ich bringe es dir bei.
Dann wirst du sehen,
dass bei uns
alles viel, viel besser ist."
Sie verabredeten sich
für den Nachmittag.
„Darf ich den Benni mitbringen?",
fragte Katja.
„Der ist mein bester Freund."
„Meinetwegen", sagte Gustav.

„Ich warte bei der hohen Tanne am Waldrand."

Als Katja mit Benni erschien,
fing Gustav sofort
mit seinem Unterricht an.
„Könnt ihr auf Bäume klettern?",
fragte er.
„Klar!", riefen die Kinder.
„Macht mal!", verlangte Gustav.
Katja und Benni
suchten sich eine Buche aus.
Ihre Zweige hingen tief herab.
Die Kinder schwangen sich hoch
und hangelten sich weiter
auf die nächsten Äste.
Gustav verzog das Gesicht.
„Wie die Affen!", brummte er.
Dann deutete er auf eine Fichte,
die unten keine Zweige hatte.
„Macht mal dort!"

„Geht nicht",
sagte Benni.
„Der Stamm
ist ganz kahl.
Da kann man sich
ja nirgends festhalten."
„Hab ich mir gedacht",
nörgelte Gustav.
„So was lernt ihr nicht
in eurer Schule."
Er stellte sich
an den Stamm der Fichte
und begann zu klettern.
Dabei kommandierte er:
„Arme hoch! Tatzen einkrallen!
Hintern nachschieben!
Arme hoch! Tatzen einkrallen!
Hintern nachschieben! – Na?"

Er schaute zu Katja und Benni hinunter.
„Kommt ihr endlich?"
„Es geht wirklich nicht", rief Katja.
„Sieh mal, wir haben doch keine Krallen."
„Keine Krallen?", schrie Gustav.
„Wie kann man ohne Krallen überhaupt leben?"
Katja betrachtete ihre Hände.
Bisher war sie auch ohne Krallen gut zurechtgekommen.

„Na schön", sagte Gustav.
Es klang ein bisschen hochnäsig.
„Wenn ihr nicht
bärisch klettern könnt,
dann schaukelt eben weiter
wie die Affen.
Vielleicht kann ich euch
wenigstens beibringen,
wie man Fische fängt."
Sie liefen alle drei zum Bach.
Ein fetter Fisch
stand dicht vor ihnen im Wasser,
und Gustav sagte wieder:
„Macht mal!"
„Ohne Angel?", fragte Benni.
„Na klar", erwiderte Gustav.
Katja stieß Benni an.
„Wir versuchen es einfach."

Vorsichtig stiegen sie ins Wasser;
es reichte ihnen nur
bis an die Waden.
Benni beugte sich weit vor.
Er streckte beide Hände aus,
um den Fisch zu schnappen.
Wutsch, war der Fisch weg,
und platsch, lag Benni im Wasser!
Der kleine Bär
tanzte vor Vergnügen und schrie:
„Ho, haha, hehe!
Der Benni fischt
und hat nix erwischt.
Ho, haha, hehe!"
Benni kam prustend
aus dem Bach.
„Du brauchst gar nicht zu lachen",
murrte er.

„Zeig uns lieber, wie's geht!"
„Ganz einfach", sagte Gustav.
„Ihr müsst nur Geduld haben."
Er stellte sich ins seichte Wasser
und wartete.
Lange wartete er,
ohne sich zu rühren.
Ein paar kleine Fische
flitzten vorbei.

Dann aber
kam ein dicker angeschwommen.
Dicht vor Gustav stand er still.
Da schob Gustav ganz sacht
eine Tatze vor.
Plötzlich – pitsch –
fuhr er damit ins Wasser

und schleuderte den Fisch ans Ufer.
„Na?", fragte er.
Der Stolz leuchtete ihm
aus den Augen.
„Macht ihr das nach?"

Katja und Benni blickten sich an.
Benni zuckte mit den Schultern,
und Katja sagte:
„Unsere Hände sind zu glatt.
Wenn wir Krallen hätten,
könnten wir das auch."
Gustav grinste.
„Sag ich doch!
Ohne Krallen seid ihr
nur halb so viel wert."
Weil er nicht hungrig war,
warf er den Fisch wieder
ins Wasser.
Dann schaute er
die beiden Kinder
nachdenklich an.
„Was kann ich euch
bloß beibringen?"

Ich glaube fast,
für bärische Sachen
seid ihr falsch gebaut."
„Wie gebaut?", fragte Katja.
„Na falsch", sagte Gustav,
„ohne Krallen, ohne Fell.
Bloß mit so einer nackten Haut.
Wie soll ich euch da beibringen,
wie man wilden Bienen
den Honig wegnimmt?"
Er führte sie zu einem Baum.
Aus dem hohlen Stamm
summten und brummten
Bienen heraus.
„Geht in Deckung", riet er.
Die Kinder schauten von Weitem zu,
wie Gustav eine Honigwabe
aus dem Baum kratzte.

Er brachte sie ihnen
und brach sie in drei Teile.
„Schmeckt fein, was?", sagte er.
Dabei lutschte und kaute er.
„Toll hast du das gemacht",
sagte Benni.
Gustav wiegte sich stolz hin und her.

„Wir Bären können so was.
Außerdem ist auch
mein dichter Pelz praktisch.
Da kommen die Bienen
nicht durch.
Aber ihr mit eurer nackten Haut!
Wenn euch die Bienen
dahinein stechen,
seht ihr bestimmt aus
wie aufgeblasen."
„Gibt es denn nichts anderes,
was du uns beibringen kannst?",
fragte Katja.
Gustav dachte nach.
Dann sagte er:
„Ich kenne nur Sachen,
zu denen ihr
Krallen und ein Fell braucht."

Da tönte ein fernes Brummen
aus dem Wald.
„Das ist mein Vater", rief Gustav.
„Ich muss nach Hause!"
Er drehte sich um
und wollte gleich losrennen,
aber Katja hielt ihn fest.
„Sag erst, ob du wiederkommst!"
Gustav schüttelte den Kopf.
„Nicht in eure Schule.
Für Bären ist das
eine ganz blöde Schule."
„Das haben wir kapiert",
sagt Benni.
„Aber wir können uns
doch sonst mal treffen."
Der kleine Bär nickte.
„Das können wir.

Ganz bestimmt sogar.
Inzwischen denke ich mir
ein paar Spiele aus.
Solche, die ihr mit nackter Haut,
ohne Fell und ohne Krallen
spielen könnt.
Und Honigplätzchen
bringe ich auch mit.
Einverstanden?"
„Einverstanden!",
riefen Katja und Benni.
Und sie blickten
dem kleinen Bären so lange nach,
bis er zwischen den Bäumen
verschwunden war.